Für

Von

BESONNENHEIT

Eine winzige Unterbrechung
Vor dem Tun
Eine kleine Pause
Ein stilles Durchatmen
Ein leises Öffnen der inneren Tür
Um die Sonne hereinzulassen
Hat schon viele Katastrophen verhindert

Doris Bewernitz

EILE MIT WEILE

Wenn du es eilig hast, geh langsam.
Wenn du es noch eiliger hast, mach einen Umweg.

Weisheit aus dem Zen-Buddhismus

DAS WESEN DES WASSERS

Wenn der Leib unaufhörlich
in Bewegung gehalten wird,
wird er müde.
Wenn der Geist unaufhörlich in Bewegung gehalten wird,
wird er sorgenvoll;
und Sorge verursacht Erschöpfung.

Das Wesen des Wassers ist,
dass es klar wird,
wenn man es in Ruhe lässt,
und still,
wenn man es nicht stört.

Dschuang Dsi

IM GLEICHGEWICHT

Nur für einen Moment oder zwei …
den Vögeln lauschen und selbst ein Lied singen.
Einen Tee andächtig genießen,
ein Gedicht zitieren,
mit geschlossenen Augen in der Sonne sitzen,
einen Feldblumenstrauß pflücken,
tief ein- und ausatmen.
Aus dem Fenster schauen,
an etwas Lustiges denken,
ein Räucherstäbchen anzünden,
im Fotoalbum blättern,
ein Bild malen.
Alles lassen, was gerade ist,
und etwas tun, das entspannt und glücklich macht.
Danach geht es anders weiter als zuvor.
Gutes Schaffen und gute Pausen.
Nur beides zusammen hält das Leben im Gleichgewicht.

Michaela Deichl

RUHETAG

Heute einen Faulheitsrekord aufstellen:
direkt nach dem Aufstehen deine Füße hochlegen
einen Tee trinken, wenn die Phase
des Füßehochlegens vorbei ist
nach dem Tee in die Wolken schauen und träumen
nach dem Träumen ein Mittagsschläfchen machen
dich nach dem Mittagsschläfchen in die Sonne setzen
nach dem Sonnenbad ein bisschen ausruhen
nach dem Ausruhen fünf Mal tief durchatmen
danach eine halbe Stunde
dem Zwitschern der Vögel lauschen
zehn Minuten leise vor dich hinsummen
und fünfzehn Minuten an gar nichts denken
anschließend ausgiebig Löcher in die Luft gucken
schließlich die Dämmerung in den Tag gleiten lassen
und Stillsitzen üben
danach dem Himmel danken
für diesen Ruhetag
Gesegnet und fröhlich schlafen gehen

Carola Vahldiek

PAUSEN TUN SO GUT

Wir müssen von Zeit zu Zeit
eine Rast einlegen und warten,
bis unsere Seelen uns wieder eingeholt haben.

Indianische Weisheit

HALT MAL AN

Halt mal an
Wo willst du hin
Weißt du's noch?

Hast so vieles
Schaffen wollen
Warte doch

Mach mal Pause
Schau dich um
Dann und wann

Finde neu
Die Lebensrichtung
Halt mal an

Doris Bewernitz

TIPP FÜR SONNENANBETER

Du musst nur langsam genug gehen,
um immer in der Sonne zu bleiben.

Antoine de Saint-Exupéry

STUNDEN AUS DER WUNDERTÜTE

Wir tauschen
Gedanken und Wünsche
Wir schauen zu
wie das Gras wächst
wie die Käfer sich plagen
Wir belauschen
die Vögel und Schmetterlinge

Wir gleiten
ohne Eile
ohne Ziel
durch einen
wunderbar nichtsnutzigen
Tag

Anne Steinwart

PRIORITÄTEN SETZEN

Was man nicht im Bett tun kann,
ist es nicht wert, getan zu werden.

Groucho Marx

LÖSEN

Wenn ich loslasse, was ich bin,
werde ich, was ich sein könnte.
Wenn ich loslasse, was ich habe,
bekomme ich, was ich brauche.

Lao-Tse

DER WERT DER ZEIT

Um den Wert eines Jahres zu erfahren,
frage einen Schüler, der sein Abitur nicht geschafft hat.
Um den Wert eines Monats zu erfahren,
frage eine Mutter, deren Kind zu früh geboren wurde.
Um den Wert einer Woche zu erfahren,
frage den Herausgeber einer Wochenzeitung.
Um den Wert einer Stunde zu erfahren,
frage frisch Verliebte, die es kaum erwarten können,
sich zu sehen.
Um den Wert einer Minute zu erfahren,
frage Menschen, die ihr Flugzeug verpasst haben.
Um den Wert einer Sekunde zu erfahren,
frage jemanden, der einen Unfall verhindern konnte.
Um den Wert einer Millisekunde zu erfahren,
frage einen Sportler, der bei der Olympiade
knapp am Sieg gescheitert ist.
Gib der Zeit deinen eigenen Wert und vergiss nie

die Zeit für dich selbst!

Verfasser unbekannt

ALLES HAT SEINE ZEIT

Das Nahe wird weit
Das Warme wird kalt
Der Junge wird alt
Das Kalte wird warm
Der Reiche wird arm
Der Narre gescheit
Alles zu seiner Zeit

Johann Wolfgang von Goethe

GENIESSEN

Nicht hastig leben.
Die Sachen verteilen wissen,
heißt sie zu genießen verstehen.
Viele sind mit ihrem Leben zu Ende;
sie verderben sich die Genüsse,
ohne ihrer froh zu werden,
und nachher möchten sie umkehren,
wenn sie ihres weiten Vorsprungs inne werden.
Wir haben mehr Tage als Freude zu erleben.
Man sei langsam im Genießen,
schnell im Wirken;
denn die Geschäfte sieht man gern,
die Genüsse ungern beendigt.

Baltasar Gracián

ENDLICH FEIERABEND!

Fröhlich ruf' ich „Feierabend!",
denn die Arbeit ist geschafft.
Und der Liegestuhl, der lockt mich:
„Komm, und tanke neue Kraft!"

Hoch hinauf, fast bis zum Himmel
recke ich nun meine Glieder.
Lass mich dann erschöpft und glücklich
auf gestreiftem Leinen nieder.

Abendluft, so sonnenwürzig,
atme ich genussvoll ein.
Ach, wie herrlich und erquicklich
kann ein Feierabend sein!

Eva Mutscher

WER PAUSEN MACHT, GEWINNT

Zwei Männer spalteten den ganzen Tag lang
Holz. Der eine arbeitete ohne Pause durch
und hatte am Abend einen ansehnlichen Stoß
Scheite beisammen. Der andere hackte 50
Minuten und ruhte sich dann jeweils zehn
Minuten aus, und trotzdem war sein Stoß
am Abend viel größer. „Wieso hast du mehr
als ich?", fragte der erste. Da antwortete sein
Kollege: „Weil ich bei jeder Pause nicht nur
ausgeruht, sondern auch meine Axt geschärft
habe."

Thomas B. jr. Welch

FÜR EINE WEILE

Für eine Weile
den Alltag
beiseite schieben
nach innen horchen
die Welt draußen lassen
einfach abtauchen
Verbundenheit spüren
ankommen
am Ort
meines Friedens
ankommen
für eine Weile
bei mir

Gabriela Paydl

EINFACH MAL SITZEN

Ich bin immer, auch im Leben,
für Ruhepunkte.
Parks ohne Bänke
können mir gestohlen bleiben.

Theodor Fontane

FREIRAUM

Versuche stets, ein Stückchen Himmel
über deinem Leben freizuhalten.

Marcel Proust

Textnachweis:
Doris Bewernitz: S. 2, 8 © bei der Autorin. **Michaela Deichl**: S. 5 © bei der
Autorin. **Eva Mutscher**: S. 16 © bei der Autorin. **Gabriela Paydl**: S. 18 © bei
der Autorin. **Anne Steinwart**: S. 10 © bei der Autorin. **Carola Vahldiek**: S. 6
© bei der Autorin.

Bildnachweis:
iStock: marimo.
shutterstock: Eisfrei, Ihnatovich Maryia, Na Ko, SchottiU, TairA.

Verlagsgruppe Patmos in der Schwabenverlag AG, Ostfildern
Im Alten Rathaus/Hauptstraße 37
D-79427 Eschbach/Markgräflerland

www.verlag-am-eschbach.de

Textredaktion: Ilka Osenberg-van Vugt, Verlag am Eschbach
Gestaltung und Satz: Angelika Kraut, Verlag am Eschbach
Kalligrafie: Ulli Wunsch, Wehr
Druck: Gugler GmbH, Melk
Hergestellt in Österreich
ISBN 978-3-98700-010-2

Dieser Baum steht für umweltschonende
Ressourcenverwendung, individuelle Handarbeit
und sorgfältige Herstellung.